글 최재훈

학습 만화, 애니메이션, 온라인 에듀테인먼트 게임, 보드게임 등 아이들과 재미있게 놀면서
공부할 수 있는 콘텐츠라면 무엇이든 가리지 않고 도전하고 있습니다. 대표작으로는
〈흔한남매 이상한 나라의 고전 읽기〉 시리즈, 〈꿈의 멘토〉 시리즈, 〈Why?〉 시리즈, 〈Who?〉 시리즈,
〈천재 LIVE 과학〉 시리즈, 〈문과 1등 이과 1등〉 시리즈, 《미션 돌파 과학 배틀》, 《사회 교과서도 탐내는
궁금해 한국 지리》 들이 있습니다.

그림 팀키즈

어린이의 소중한 꿈과 행복을 한 컷, 한 컷에 담겠다는 목표로 즐겁게 작업하는 만화팀입니다.
지금까지 여러 장르에 걸쳐 그림을 그려 왔고, 보다 좋은 책을 만들어 내기 위해 최선을 다하고 있습니다.
주요 작품으로 《Who? K-POP BTS》, 〈Why?〉 시리즈, 〈브리태니커 만화 백과〉 시리즈, 《레이튼 미스터리
탐정사무소》, 《신비아파트 시즌3》, 《흔한남매 대탈출! 주사위 게임북》, 《초코빅》 들이 있습니다.

글 최재훈 | **그림** 팀키즈
찍은날 2023년 10월 16일 초판 1쇄 | **펴낸날** 2023년 10월 31일 초판 1쇄
펴낸이 신광수 | **CS본부장** 강윤구 | **출판개발실장** 위귀영 | **디자인실장** 손현지
아동콘텐츠개발팀 박재영, 박인의 | **출판디자인팀** 최진아, 이서율 | **저작권 업무** 김마이, 이아람
출판사업팀 이용복, 민현기, 우광일, 김선영, 신지애, 허성배, 이강원, 정유, 설유상, 정슬기,
정재욱, 박세화, 김종민, 전지현
CS지원팀 강승훈, 봉대중, 이주연, 이형배, 이우성, 신재윤, 장현우, 전효정, 정보길
펴낸곳 (주)미래엔 | **등록** 1950년 11월 1일 제16-67호
주소 서울특별시 서초구 신반포로 321
전화 미래엔 고객센터 1800-8890 팩스 541-8249
홈페이지 주소 www.mirae-n.com

ISBN 979-11-6841-660-4 74000
ISBN 979-11-6841-040-4 (세트)

Copyright © Devsisters Corp. All rights reserved.
본 제품은 데브시스터즈(주)와의 정식 라이선스 계약에 의해 (주)미래엔에서 제작, 판매하는 것으로
데브시스터즈(주)의 허락 없이는 어떠한 경우에도 무단 복제 및 판매를 금합니다.

파본은 구입처에서 교환해 드리며, 관련 법령에 따라 환불해 드립니다. 다만, 제품 훼손 시 환불이 불가능합니다.
책값은 뒤표지에 있습니다.

퀴즈 원정대 6

글 **최재훈** | 그림 **팀키즈**

명랑하고 씩씩한 쿠키로, 어디선가 누군가에게 무슨 일이 생기면 틀림없이 나타나는 약방의 감초! 겉보기와 달리 든든한(?) 용감한 쿠키와 함께라면 미지의 세계도 문제없지!

모험은 이제부터 시작이야!

용감한 쿠키

내 친구가 되어 줄래?

딸기맛 쿠키

달콤한 딸기향을 넣어 만든 쿠키. 겁이 많은 유리멘탈 쿠키지만, 친한 친구 용감한 쿠키를 구하기 위해 선뜻 앞장서는 의외의 모습을 보인다.

바쁜 저를 이리 불러 주시니 몸 둘 바를 모르겠군요.

에스프레소맛 쿠키

효율을 중시하는 계획주의자 쿠키로 쿠키런 킹덤에서 최고로 깐깐한 쿠키이다. 겉으로는 세상 차갑고 냉정하지만 알고 보면 속마음은 커피처럼 따뜻할지도?

바람궁수 쿠키

"생명의 활시위를 당겨 어둠을 쫓으리…"

원래는 초록을 사랑하던 바람이었지만, 신비로운 존재로부터 생명의 힘을 받아 쿠키가 되었다. 생명의 활을 들고 숲 곳곳을 누비며 어두운 세력에 맞선다.

블루베리맛 쿠키

"이 도서관에서 제가 모르는 것은 없습니다."

마법사들의 도서관을 관리하고 있으며 아는 게 많은 박학다식한 쿠키이다. 언제나 흐트러지지 않는 모습에 깐깐해 보이기도 하지만 모험을 꿈꾸는 낭만주의자!

어둠마녀 쿠키

"어둠이 너희를 삼킬 것이다!"

어둠의 욕망을 담고 태어나 강력한 힘으로 쿠키런 킹덤의 평화를 위협하는 존재. 쿠키런 킹덤에 벌어지는 미스터리한 일들은 정말 어둠마녀 쿠키의 짓일까?

1화
끝나지 않은 원정 ·················· 7

2화
진정한 친구 ·················· 25

3화
푸른 안개의 악몽 ·················· 49

4화
거대한 마법 함정················· 71

5화
달콤한 위험 ···················· 95

에필로그 ························ 120

1화 끝나지 않은 원정

어두운 기운을 잔뜩 머금은 거대한 돌문 앞에서
쿠키들은 얼어붙기라도 한 것처럼 멍하니 서 있었어.
저 문 안에서는 대체 어떤 일들이 벌어질까?
마음 단단히 먹는 게 좋을 거야. 이번 원정에 실패하면
다시는 쿠키런 킹덤으로 돌아갈 수 없을지도 모르니까.

모두 망설일 때, 연금술사맛 쿠키가 용감하게 앞으로 나섰어.

아무것도 하지 않는다면 아무 일도 일어나지 않아. 일단 저 문 안으로 들어가 보자고!

앗

조, 조심해!

성큼

처억

으악!

슈웅

내 동생! 연금술사맛 쿠키!

눈 깜짝할 사이에 벌어진 일이었어. 연금술사맛 쿠키와 무화과맛 쿠키는 문 안쪽에서 흔적도 없이 사라졌지.

세 쿠키들은 조심스럽게 계단을 따라 아래로 내려갔지.

한참 내려가던 그들은 여러 갈래로 나뉜 동굴들을 맞닥뜨렸어.

이제 어디로 가야 하지?

일단 왼쪽부터 가 보는 건 어때?

모두 지쳐 있던 그때, 뱀파이어맛 쿠키가 주머니에서 뭔가 꺼냈어.

이건 바로 내가 항상 가지고 다니는 포도 주스야!

찰랑

짜잔

그게 미로를 탈출하는 거랑 무슨 상관이지?

?

목이 말라서 그래?

우리가 지나온 길을 주스로 표시하는 거야!

주륵

후후후

와, 똑똑한데? 그럼 한번 갔던 길은 다시 안 갈 수 있겠다!

쿠키들은 뱀파이어맛 쿠키의 포도 주스를 낭비하지 않기 위해서 조심스럽게 길을 찾아 나갔지.

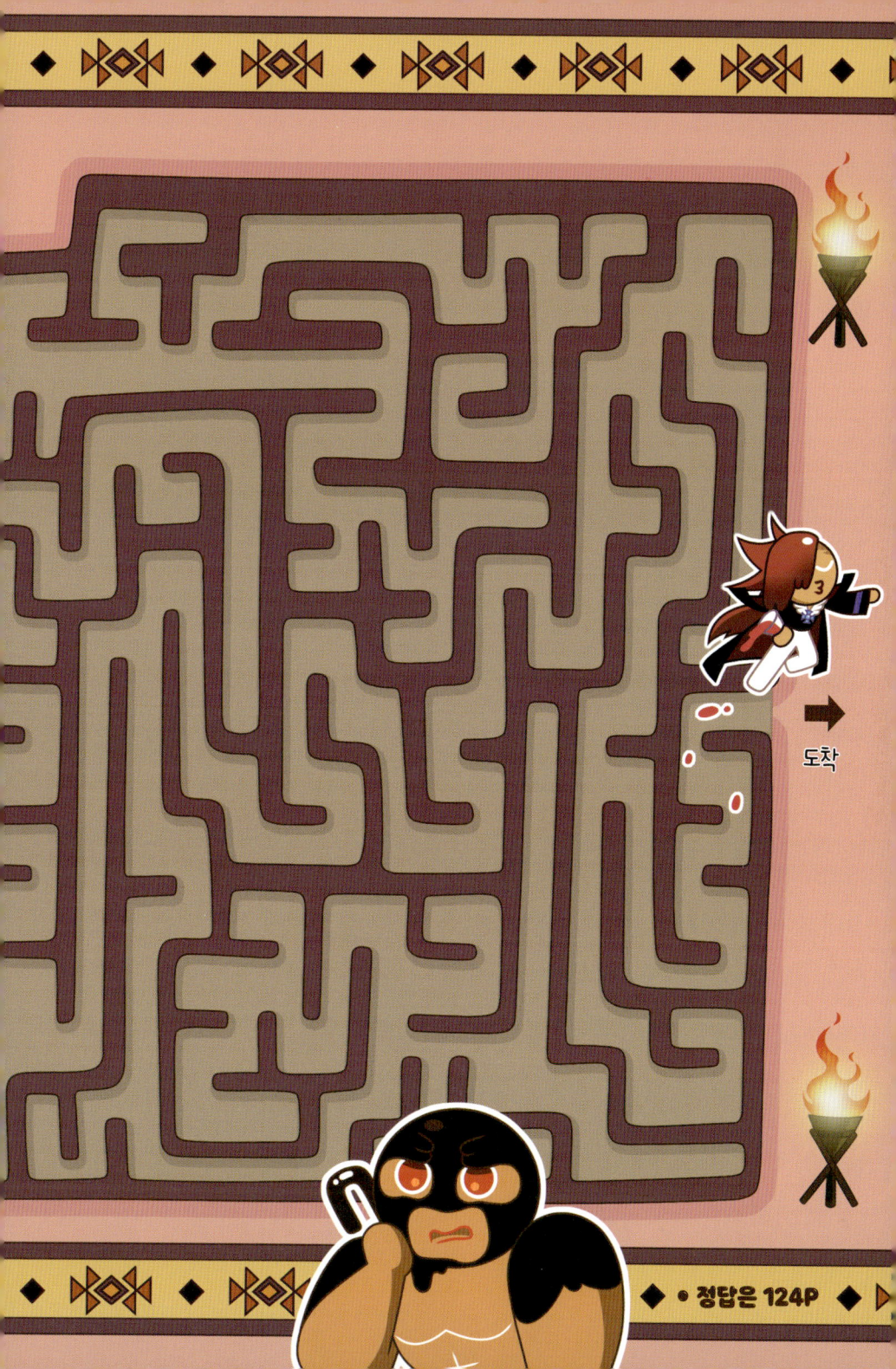

안타깝게도 출구는 전기가 흐르는 문이었어.

감전  주의

다음 동물들이 사는 장소는?
(힌트: 엄청 춥다.)

*이 문을 열기 위해서는 다음 퀴즈를 풀어야 한다.

끄아아악

파 지지직

으아아아아!
근육맛 쿠키 살려!

"그런 건 빨리 말했어야지. 이번 문제는 무조건 내가 맞힐 거니까, 말리지 마!"

근육맛 쿠키는 다행히 크게 다치지는 않았지만, 자존심에 큰 상처를 입고 말았지.

"펭귄이랑 곰 아니야? 잘 모르겠는데?"

처억

"그, 그래."

"흰 곰은 북극곰 같아. 펭귄의 대부분은 남극에 산다고 하고. 남극과 북극 둘 다 엄청 추운 곳이야. 예전에 다큐멘터리에서 봤어."

남극
북극
펭귄이 사는 곳은 남극, 북극곰이 사는 곳은 북극!
철커덕
정답인가 봐!
야호
깡총
깡총
투욱
오, 근육맛 쿠키, 제법인데?
활짝
어서 이 지긋지긋한 미로에서 탈출하자!
후다닥

근육맛 쿠키 덕에 미로에서 빠져 나온 쿠키 원정대. 그런데 그들 앞에 드리워진 커다란 저 그림자의 정체는 대체 뭐지?

2화 진정한 친구

원정대가 새로운 위협과 마주친 그 순간,
쿠키런 킹덤에는 평화를 지키려는
굳센 의지와 서로를 아끼는 따뜻한 마음이 모여
여느 때보다도 강력한 기운이 감돌고 있었어.

원정대가 고생하는 동안, 쿠키런 킹덤에 남아 있는 쿠키들도 마음 한 켠에 불안함을 느끼고 있었지.

떠난 지 꽤 된 것 같은데. 돌아올 때가 지난 것 같아.

처음 가는 원정도 아닌데, 뭐. 별일 없을 거야.

무소식이 희소식이겠죠!

과연 그럴까? 내 생각엔 벌써 어둠마녀 쿠키에게 잡혀간 것 같은데, 깔깔깔!

방금 어둠마녀 쿠키라고 했어?

칠리맛 쿠키가 내뱉은 한마디는 꼬리에 꼬리를 물더니 쿠키런 킹덤 전체에 엄청난 소문을 만들어 내고 말았지.

"그러니까 원정대가 어둠마녀 쿠키에게 잡혀서… ."

"어쩐지 너무 오래 안 돌아오더라!"

"어둠마녀 쿠키가 원정대를 꽁꽁 얼려 버렸대. 그리고…."

"모두 냉동 쿠키가 됐대요. 게다가 어둠마녀 쿠키와 부하들이 이곳으로 오고 있대요!"

"이거 정말 큰일인데."

"내 왕국을 지켜야 하는데!"

불길한 소문이 쿠키런 킹덤을 맴돌자 쿠키들은 불안에 떨기 시작했지. 그때 한 줄기 바람과 함께 나타난 누군가가 모두를 진정시켰어.

"어떻게 된 거죠? 왜 둘만 돌아온 거예요?"

"우리도 모르겠어. 고대 신목 제단으로 향하는 문에 들어서자마자 갑자기 깜깜해졌는데…."

"셋만으로는 어둠마녀 쿠키의 부하들을 상대하기 힘들 텐데, 어쩌지?"

연금술사맛 쿠키와 무화과맛 쿠키의 이야기를 들은 쿠키들이 술렁이기 시작했지. 어둠마녀 쿠키의 위협이 턱밑까지 다가왔다는 것을 모두 느꼈거든.

"어서 구하러 가야지!"

"너무 위험할 것 같아!"

불쑥

"왜 자꾸 이런 일들이…."

"어디 가서 그들을 찾아야 할지도 모르잖아."

세 쿠키는 도움이 될 누군가를 찾기 위해 눈을 크게 뜨고 주변을 두리번거렸어. 그리고 모두의 눈이 한곳을 향했지.

"아는 게 많은 쿠키라면 도서관에 있는 게 진리 아니겠어?"

"맞아!"

"도서관 사서로 일하는 블루파이맛 쿠키를 만나 보는 게 좋겠군요"

삼총사는 작전을 세운 후 서둘러 도서관으로 들어갔어. 에스프레소맛 쿠키가 대표로 나섰지.

"혹시 모험을 좋아하시나요?"

"네? 모험이요?"

33

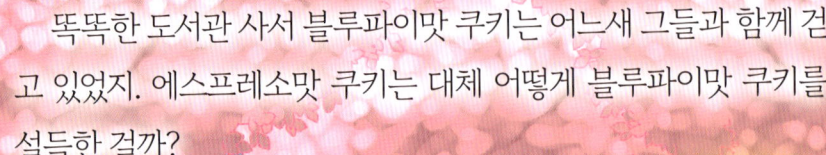

예전에 할머니에게 들은 적이 있어!

아주 오래전 동양에서는 시간과 날짜를 기록하고 측정하거나, 방위를 나타내거나, 운수를 점칠 때 '십이지'라는 개념을 사용했대.

십이지는 열두 동물과 엮어서 말하기도 하지.

쥐(자)   소(축)   호랑이(인)   토끼(묘)

용(진)   뱀(사)   말(오)   양(미)

원숭이(신)   닭(유)   개(술)   돼지(해)

고양이를 뺀 나머지 동물들은 십이지 동물들이야. 동물의 모습을 한 열두 신이지.

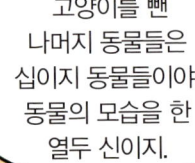

정답은 고양이!

새롭게 결성된 사총사는 태어나서 처음 와 보는 낯설고, 춥고, 어두운 곳에 도착해 있었지. 찬 바람은 금세 눈폭풍으로 바뀌더니 쿠키들의 몸을 꽁꽁 얼리기 시작했어. 이대로 있다가는 모두 눈 쿠키가 될 지경이었지.

그 순간, 망치가 작아지며 뒤로 튕겨 나갔어. 화살은 미궁의 단죄자를 아슬아슬하게 스쳐 지나갔지.

파앙

헉!

당장의 위기는 피했지만, 미궁의 단죄자는 여전히 강력한 상대였지. 게다가 망치를 잃어버린 탓인지 더 화가 난 것 같았어.

쾅

콰앙

바, 바닥이!

쩌억

쩌어억

갈라지고 있어!

화살은 눈보라를 가르며 날아가 눈 결정에 그대로 꽂히는 것 같았어. 하지만 눈 결정은 투명한 방어막을 펼치며 화살을 막아 냈지. 그리고 그 위에 또다시 퀴즈가 나타났어.

다음 교통수단이 등장한 순서대로 나열하시오.

하늘을 나는 자동차

말

기차

워, 원래 이렇게 퀴즈가 많이 나오는 거야?

숨 돌릴 틈이 없네요.

에스프레소맛 쿠키는 여유 있는 자세로 설명하기 시작했어. 몹시 추워 보이긴 했지만 말이야.

이런 건 제 전문이죠! 교통수단마다 걸리는 시간이 다른데,

예를 들어 서울에서 부산까지 약 400km를 가는 데 얼마나 걸리냐면!

걷기 : 약 30일

말 : 약 3일

증기 기관차 : 약 17시간

KTX : 약 2시간

승용차 : 약 4시간 30분

비행기 : 약 1시간

그게 정답이 아닌 것 같은데…

조, 조금 서둘러 줄 수 있을까?

아차, 퀴즈의 답은!

딸기맛 쿠키가 아주 작지만 또박또박한 목소리로 정답을 외쳤어.

"정답은 끼리끼리?"

"하하하, 아재 개그가 최고라고~!"

"이런, 아재 개그는 좀처럼 적응이 안 되는군요."

누군가가 떠오르네.

"따, 땅이 흔들리고 있어!"

"답, 답을 맞혔는데 왜!"

운이 좋게도 딸기맛 쿠키가 누른 버튼은 비상 정지 버튼이었어. 버튼을 누르자 퀴즈가 흘러나왔지.

안전 퀴즈

다음 중 안전을 가장 잘 지키고 있는 쿠키는?

1. 젖은 손으로 전기 코드를 꽂는다.

2. 멀티탭 하나에 여러 개의 전기 기구를 연결한다.

3. 지진이 났을 때 책상 밑에 들어가서 머리를 보호한다.

4. 불이 났을 때 엘리베이터를 타고 신속하게 대피한다.

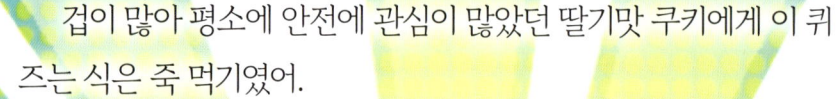

악어는 사총사를 내려주자마자 강물 속으로 도망치듯 사라져 버렸어.

"난 바빠서 이만. 살아서 나가길 바라."

"어쩌면 정말 누군가 오고 있을지도 모르는 일이죠."

"누가 쫓아오기라도 하나? 저렇게 도망치듯 급하게 사라지다니."

에스프레소맛 쿠키의 말이 끝나자마자, 서늘한 느낌이 등 뒤에서 몰려왔어. 쿠키들은 약속이라도 한 것처럼 동시에 뒤를 돌아보았지.

"저, 저건 뭐지?"

"푸른 안개?"

악몽의 기록자는 대답 대신 푸른 안개 덩어리를 더 날려 보냈어.
안개 덩어리에는 퀴즈가 나타나기 시작했지.

악몽의 기록자 역사 퀴즈

다음 그림이 가리키는 자를 맞히지 못하면 너의 친구들은 영원한 악몽에 빠질 것이다!

- 단군
- 고주몽
- 왕건
- 세종 대왕

동료들이 괴로워하고 있어!

"퀴즈의 답은 고인돌, 다보탑, 경복궁 근정전, 남산 타워!"

블루파이맛 쿠키가 도서관에서 쌓아 온 지식은 틀림이 없었지. 두루마리는 마치 신기루처럼 사라지기 시작했고 네 쿠키들은 다시 모일 수 있었어.

"이번에는 진짜 끝나는 줄 알았어."

"우리에겐 블루파이맛 쿠키가 있잖아!"

"역시 같이 가자고 하길 잘했어요."

다들 무사해서 다행이에요.

4화 거대한 마법 함정

사총사는 깊고 깊은 어둠 속을 헤치며
원정대를 애타게 찾아다녔어.
사르륵사르륵 떨어지는 모래알처럼 위험이 그들 곁에 조금씩
스며들고 있다는 사실을 까맣게 모른 채 말이야.

악몽의 기록자가 사라진 후에도 사종사는 여전히 어둠 속에 갇혀 있었어. 횃불을 들어 사방을 비춰 봐도 좀처럼 출구를 찾을 수 없던 그때, 악몽의 기록자가 남긴 깃털 펜이 공중에 떠올랐지. 한참 움직이던 깃털 펜은 의미를 알 수 없는 문을 그려 냈어.

깃털 펜이 만든 문 너머에는 완전히 다른 풍경이 펼쳐지고 있었어. 온통 블록으로 만들어진 세계에 들어온 것 같았지.

날아다니던 깃털 펜이 블록을 건드리자, 바닥에 깔려 있던 블록들이 마치 살아 있기라도 한 것처럼 꿈틀거렸어. 꿈틀거리던 블록들은 한 몸처럼 서로 뭉치기 시작했지.

블루파이맛 쿠키는 자신이 정신을 잃은 사이에 무슨 일이 일어났는지 알 수 없었지만, 한 가지만은 분명했어. 지금 퀴즈를 풀지 못하면 친구들이 위험하다는 사실 말이야.

블루파이맛 쿠키가 정답을 외치자, 모래시계가 깨지며 쿠키들은 자유의 몸이 되었어.

"우잉. 이번에는 진짜 무서웠어."

"이젠 괜찮아."

"어휴, 너무 갑갑했어요."

"숫자들이 다 없어졌어요!"

줄줄

체면을 심하게 구긴 마법 학교의 교장은 여기서 그만둘 생각이 없어 보였어. 빠르게 다음 공격을 준비하고 있었지.

"애송이들이 제법이구나!"

쿠르르르

파직

파직

"하지만 이번에도 막아 낼 수 있을까? 크흐흐."

에스프레소맛 쿠키를 중심으로 바람궁수 쿠키와 블루파이맛 쿠키는 퀴즈를 풀기 위해 머리를 모으고 추리를 시작했지.

규칙을 알면 답이 보이죠. 그 규칙을 모른다는 게 문제지만요.

외계인이 쓴 암호 아닐까?

외계인의 암호에 관한 책에서도 저런 건 못 봤어요.

세 쿠키가 추리에 집중하고 있을 때, 딸기맛 쿠키는 잠시 다른 생각에 빠져 있었지.

하나, 둘, 셋~, 다음엔 넷인가?

끄적

끄적

사라진 줄 알았던 친구들을 다시 만난 쿠키들의 기쁨은 이루 말할 수 없었어. 쿠키들은 그동안 못 다한 이야기를 나누며 앞으로 나아갈 힘을 얻었지.

5화 달콤한 위험

잃어버린 친구들을 가까스로 찾아냈지만
한번 시작된 원정이 끝날 때까지 쿠키들은 멈출 수 없었어.
퀴즈를 풀 때마다 생기는 자신감과 함께
쿠키들은 험난한 원정의 마지막을 향해
한 발 한 발 힘찬 발걸음을 내딛었지.

다시 만난 즐거움도 잠시뿐, 쿠키런 킹덤으로 돌아가는 길을 찾던 원정대 앞에 거대한 화덕이 나타났어. 화덕의 굴뚝은 끝이 보이지 않을 정도로 높이 솟아 있었지.

"어쩌면 저 굴뚝을 통해 밖으로 나갈 수 있지 않을까?"

"아니면 이곳을 탈출할 수 있는 열쇠가 있을지도?"

모두 고개를 끄덕였지. 하지만 문제가 하나 있었어. 화덕의 입구가 꽉 잠겨 있었거든.

"끄응! 꼼짝도 안 하는데?"

덜컹

수많은 빵과 화려한 케이크가 잔뜩 놓여 있었지만, 이상하게도 아무도 보이지 않았어. 게다가 마치 무덤에라도 들어온 것처럼 너무 조용한 것도 왠지 꺼림직했지.

"방금 케이크가 움직였어."

"그럴 리가요. 배가 고파 헛것이 보인 거 아니에요?"

딸기맛 쿠키는 헛것을 본 게 아니었어. 케이크들이 살아서 움직이고 있었거든.

"감히 우리 구역에 쿠키 따위가 들어오다니! 가만두지 않겠다!"

크르르르

우르르

쿠키들 앞에 나타난 건 케이크 늑대와 케이크 들개들이었어.
쿠키들은 있는 힘을 다해 도망치거나 맞서 싸웠지.

날름
으앙!
날름
이거 줄까?
후다닥
이거 놔!

하지만 상대의 수가 너무 많아 쿠키들은 어느새 구석에 몰리고 말았어.

크르르

궁지에 몰린 쿠키들에게 케이크 늑대가 선심 쓰듯 제안했어.

저렇게 겁에 질린 표정이라니! 가엾구나! 좋아, 퀴즈 하나 낼 테니 맞히면 너희를 살려 주마.

케이크의 방 퀴즈

아래 음식들은 이것으로 만들어졌지.
'완전식품'이라는 별명을 가진 이것의 정체는?

치즈

버터

요구르트

생크림

살기 위해서는 또다시 퀴즈를 풀어야 했어. 하지만 너무 당황해서인지 아무도 답을 떠올리지 못했지.

"누구 정답을 아는 쿠키 있어?"

"음식은 잘….."

"모르겠어. 벚꽃맛 쿠키라면 잘 알 텐데."

"나 불렀어?"

"잠깐만! 이 퀴즈는 내가 풀 수 있을 것 같은데."

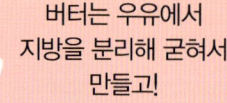
버터는 우유에서 지방을 분리해 굳혀서 만들고!

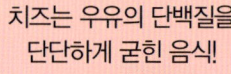
치즈는 우유의 단백질을 단단하게 굳힌 음식!

요구르트는 우유를 발효시켜서 만들지.

마지막으로 생크림은 우유에서 지방을 분리해 만든 음식!

정답은 우유!

에잇, 분하다.

우르르

겨우 한숨을 돌리긴 했지만, 거기까지였어. 케이크 늑대와 케이크 들개들을 조종한, 이 방의 주인이 등장했거든.

끼이이익

냉장고 문이 열리면서 나온 것은 보기만 해도 무시무시한 3단 케이크 마녀였어.

"쿠키들이라면 정말 지긋지긋하구나!"

두둥

긴장한 쿠키들은 마른 침을 꿀꺽 삼켰어. 3단 케이크 마녀는 누가 봐도 화가 머리끝까지 치밀어 오른 모습이었거든.

"감히 내 베이커리를 쿠키들 따위가 오염시키다니!"

"용서는 없다! 받아랏!"

타앗

상징물 퀴즈

나는 아메리카 인디언들의 상징물이지. 대한민국에도 마을 수호신의 상징물로 마을 입구에 세운 장대가 있어. 장대 끝에 나무로 만든 새를 붙인 이것의 이름은?

넘어지진 않겠지?

'하늘 높이 솟은 막대기'라는 뜻이래.

정답 : 솟대

악몽의 기록자 퀴즈

악몽이 여기서 끝났다고 생각하면 착각이다! 다음 통신 수단이 등장한 순서대로 나열해 보지지! 만약 틀린다면 영원한 악몽에 빠지게 될 거야.

영상 통화

우편

전화

봉화

○ → ○ → ○ → ○

정답: 봉화 - 우편 - 전화 - 영상 통화